50 Recetas para Ganar Confianza en la Cocina

Por: Kelly Johnson

Table of Contents

- Huevos revueltos perfectos
- Arroz blanco esponjoso
- Pasta al ajo y aceite
- Ensalada César básica
- Pollo a la plancha
- Puré de papas cremoso
- Sopa de tomate casera
- Tortilla española sencilla
- Filete a la parrilla
- Guacamole clásico
- Hamburguesa casera
- Panqueques esponjosos
- Lentejas estofadas
- Ensalada caprese
- Salteado de verduras
- Pasta con salsa de tomate
- Pollo al horno con hierbas

- Fajitas de pollo
- Salsa básica de yogur
- Pizza casera sencilla
- Sándwich club
- Crema de calabaza
- Tostadas francesas
- Arroz frito con huevo
- Brownies caseros
- Salsa pesto casera
- Filete de salmón al horno
- Ensalada de atún
- Muffins de vainilla
- Guiso de carne simple
- Hummus básico
- Pollo en salsa de limón
- Croquetas de jamón
- Pizza margarita
- Risotto básico
- Ensalada de garbanzos

- Pan casero básico
- Tortillas de maíz
- Salsa boloñesa
- Crepes dulces
- Sopa de pollo con verduras
- Quiche de verduras
- Chili con carne
- Tarta de manzana sencilla
- Rollitos de primavera
- Salsa bechamel
- Muffins de arándanos
- Ensalada de quinoa
- Pollo al curry fácil
- Tacos de carne

Huevos revueltos perfectos

Ingredientes:

- 3 huevos
- Sal al gusto
- Pimienta al gusto
- 1 cucharada de mantequilla

Preparación:

1. Bate los huevos con sal y pimienta.
2. Calienta la mantequilla en una sartén a fuego medio-bajo.
3. Vierte los huevos y cocina lentamente, removiendo suavemente con una espátula hasta que estén cremosos pero cocidos.
4. Sirve inmediatamente.

Arroz blanco esponjoso

Ingredientes:

- 1 taza de arroz
- 2 tazas de agua
- 1 pizca de sal

Preparación:

1. Lava el arroz hasta que el agua salga clara.
2. En una olla, hierve el agua con sal.
3. Añade el arroz, tapa y baja el fuego al mínimo.
4. Cocina 15-20 minutos sin destapar hasta que el agua se absorba.
5. Apaga el fuego y deja reposar 5 minutos antes de servir.
6. Esponja con un tenedor.

Pasta al ajo y aceite (Aglio e Olio)

Ingredientes:

- 200 g de pasta (espagueti)
- 4 dientes de ajo en láminas
- 1/4 taza de aceite de oliva
- Sal y pimienta al gusto
- Perejil picado para decorar

Preparación:

1. Cocina la pasta en agua con sal según las instrucciones.
2. Mientras, calienta el aceite en una sartén y sofríe el ajo hasta que esté dorado.
3. Escurre la pasta y mézclala con el ajo y el aceite.
4. Salpimienta, decora con perejil y sirve.

Ensalada César básica

Ingredientes:

- Lechuga romana
- Crutones
- Queso parmesano rallado
- Aderezo César (puedes usar comprado o casero)

Preparación:

1. Lava y corta la lechuga.
2. Mezcla con crutones y queso parmesano.
3. Añade el aderezo justo antes de servir y mezcla bien.

Pollo a la plancha

Ingredientes:

- Pechugas de pollo
- Sal y pimienta al gusto
- Aceite de oliva

Preparación:

1. Sazona el pollo con sal y pimienta.
2. Calienta una plancha o sartén con un poco de aceite.
3. Cocina el pollo por ambos lados hasta que esté dorado y cocido por dentro.
4. Sirve caliente.

Puré de papas cremoso

Ingredientes:

- 4 papas medianas
- 1/2 taza de leche caliente
- 2 cucharadas de mantequilla
- Sal al gusto

Preparación:

1. Hierve las papas peladas hasta que estén suaves.
2. Escúrrelas y aplástalas con un tenedor o prensa.
3. Añade la mantequilla, la leche caliente y la sal.
4. Mezcla hasta obtener un puré cremoso.

Sopa de tomate casera

Ingredientes:

- 6 tomates maduros
- 1 cebolla pequeña
- 2 dientes de ajo
- 2 tazas de caldo de verduras
- Aceite de oliva
- Sal y pimienta

Preparación:

1. Sofríe la cebolla y el ajo picados en aceite hasta que estén transparentes.
2. Añade los tomates picados y cocina 10 minutos.
3. Agrega el caldo, sal y pimienta y cocina 15 minutos.
4. Licúa y sirve caliente.

Tortilla española sencilla

Ingredientes:

- 4 papas medianas
- 1 cebolla
- 5 huevos
- Aceite de oliva
- Sal

Preparación:

1. Pela y corta las papas en rodajas finas.
2. Fríelas con la cebolla picada en abundante aceite hasta que estén tiernas.
3. Escurre el aceite y mezcla con los huevos batidos y sal.
4. Vierte en una sartén y cocina a fuego medio hasta que cuaje, da la vuelta y cocina por el otro lado.
5. Sirve tibia o fría.

Filete a la parrilla

Ingredientes:

- Filetes de carne (res, cerdo o pollo)
- Sal y pimienta
- Aceite

Preparación:

1. Sazona los filetes con sal y pimienta.
2. Calienta la parrilla y unta un poco de aceite.
3. Cocina los filetes por ambos lados hasta el punto deseado.
4. Deja reposar unos minutos antes de servir.

Guacamole clásico

Ingredientes:

- 2 aguacates maduros
- 1/2 cebolla pequeña, picada finamente
- 1 tomate, picado
- 1 chile serrano o jalapeño, sin semillas y picado (opcional)
- Jugo de 1 limón
- Cilantro fresco picado al gusto
- Sal al gusto

Preparación:

1. Machaca los aguacates en un bol.
2. Añade la cebolla, tomate, chile, cilantro y jugo de limón.
3. Mezcla bien y ajusta la sal.
4. Sirve con totopos o como acompañante.

Hamburguesa casera

Ingredientes:

- 500 g de carne molida
- Sal y pimienta
- Pan para hamburguesa
- Lechuga, tomate, cebolla, queso y condimentos al gusto

Preparación:

1. Forma 4 hamburguesas con la carne molida, sazona con sal y pimienta.
2. Cocina las hamburguesas en sartén o parrilla a fuego medio-alto hasta el punto deseado.
3. Arma la hamburguesa con pan y los ingredientes que prefieras.
4. Sirve caliente.

Panqueques esponjosos

Ingredientes:

- 1 taza de harina
- 1 cucharada de azúcar
- 1 cucharadita de polvo para hornear
- 1 huevo
- 1 taza de leche
- 2 cucharadas de mantequilla derretida
- Pizca de sal

Preparación:

1. Mezcla los ingredientes secos en un bol.
2. En otro, bate el huevo con la leche y la mantequilla.
3. Incorpora lo líquido a lo seco sin batir demasiado.
4. Cocina porciones en sartén antiadherente caliente hasta que aparezcan burbujas; voltea y cocina 1-2 minutos más.
5. Sirve con miel, jarabe o fruta.

Lentejas estofadas

Ingredientes:

- 1 taza de lentejas
- 1 cebolla picada
- 2 dientes de ajo picados
- 1 zanahoria picada
- 1 tomate picado
- 1 hoja de laurel
- Caldo o agua
- Sal y pimienta

Preparación:

1. Sofríe cebolla, ajo y zanahoria en aceite hasta que estén tiernos.
2. Añade tomate y cocina 5 minutos.
3. Incorpora las lentejas, laurel y suficiente caldo para cubrir.
4. Cocina a fuego medio-bajo hasta que las lentejas estén suaves (30-40 minutos).
5. Salpimienta y sirve.

Ensalada caprese

Ingredientes:

- Tomate en rodajas
- Queso mozzarella en rodajas
- Hojas de albahaca fresca
- Aceite de oliva
- Sal y pimienta

Preparación:

1. Alterna rodajas de tomate y mozzarella en un plato.
2. Coloca hojas de albahaca encima.
3. Rocía con aceite de oliva, sal y pimienta al gusto.
4. Sirve fresca.

Salteado de verduras

Ingredientes:

- Verduras variadas (pimiento, calabacín, zanahoria, brócoli) cortadas en tiras o trozos
- 2 cucharadas de aceite de oliva
- 2 dientes de ajo picados
- Sal y pimienta

Preparación:

1. Calienta el aceite en sartén.
2. Añade el ajo y sofríe un minuto.
3. Incorpora las verduras y cocina a fuego alto, moviendo frecuentemente hasta que estén tiernas pero crujientes.
4. Salpimienta y sirve.

Pasta con salsa de tomate

Ingredientes:

- 200 g de pasta
- 4 tomates maduros o 1 taza de puré de tomate
- 1 diente de ajo picado
- 1/2 cebolla picada
- Aceite de oliva
- Sal, pimienta y albahaca fresca

Preparación:

1. Cocina la pasta en agua con sal según indicaciones.
2. Sofríe ajo y cebolla en aceite hasta dorar.
3. Añade tomates picados o puré, cocina 10 minutos.
4. Salpimienta y añade albahaca.
5. Mezcla la pasta con la salsa y sirve.

Pollo al horno con hierbas

Ingredientes:

- 4 muslos o pechugas de pollo
- 2 cucharadas de aceite de oliva
- Hierbas frescas o secas (romero, tomillo, orégano)
- Sal y pimienta

Preparación:

1. Precalienta el horno a 200 °C.
2. Sazona el pollo con sal, pimienta, aceite y hierbas.
3. Coloca en una bandeja y hornea 35-40 minutos o hasta que esté cocido y dorado.
4. Sirve caliente.

Fajitas de pollo

Ingredientes:

- 2 pechugas de pollo en tiras
- 1 pimiento rojo en tiras
- 1 pimiento verde en tiras
- 1 cebolla en tiras
- 2 cucharadas de aceite
- Sal, pimienta y comino

Preparación:

1. Calienta aceite en sartén y cocina el pollo sazonado con sal, pimienta y comino hasta dorar.
2. Añade cebolla y pimientos, cocina hasta que estén tiernos.
3. Sirve con tortillas de harina y tus acompañamientos favoritos.

Salsa básica de yogur

Ingredientes:

- 1 taza de yogur natural (preferiblemente griego)
- 1 diente de ajo pequeño, picado o rallado
- Jugo de medio limón
- Sal y pimienta al gusto
- Opcional: hierbas frescas picadas (perejil, eneldo o cilantro)

Preparación:

1. Mezcla el yogur con el ajo y el jugo de limón.
2. Agrega sal, pimienta y las hierbas si usas.
3. Refrigera por 30 minutos antes de usar para que se integren los sabores.

Pizza casera sencilla

Ingredientes para la masa:

- 2 tazas de harina
- 1 cucharadita de levadura seca
- 1 cucharadita de azúcar
- 3/4 taza de agua tibia
- 1 cucharada de aceite de oliva
- Sal al gusto

Para la cobertura:

- Salsa de tomate
- Queso mozzarella rallado
- Ingredientes al gusto (jamón, pepperoni, verduras)

Preparación:

1. Disuelve la levadura y azúcar en agua tibia y deja reposar 10 minutos.
2. Mezcla harina, sal, aceite y la mezcla de levadura; amasa hasta obtener una masa suave.
3. Deja reposar 1 hora para que doble volumen.
4. Estira la masa, coloca en una bandeja y agrega salsa, queso e ingredientes.
5. Hornea a 220 °C por 15-20 minutos o hasta que la masa esté dorada y el queso derretido.

Sándwich club

Ingredientes:

- 3 rebanadas de pan tostado
- Mayonesa
- Lechuga
- Tomate en rodajas
- Pechuga de pollo o pavo en lonchas
- Tocino frito
- Queso (opcional)

Preparación:

1. Unta mayonesa en las rebanadas de pan.
2. En la primera capa, coloca lechuga, tomate y pollo/pavo.
3. Añade la segunda rebanada de pan y coloca tocino y queso.
4. Termina con la última rebanada de pan y corta el sándwich en triángulos.

Crema de calabaza

Ingredientes:

- 500 g de calabaza pelada y en cubos
- 1 cebolla pequeña picada
- 2 dientes de ajo picados
- 500 ml de caldo de verduras o pollo
- 100 ml de crema o leche
- Aceite de oliva
- Sal y pimienta

Preparación:

1. Sofríe cebolla y ajo en aceite hasta transparentar.
2. Añade la calabaza y cocina 5 minutos.
3. Agrega el caldo, cocina hasta que la calabaza esté tierna (20 minutos).
4. Licúa la mezcla hasta obtener una crema suave.
5. Incorpora la crema o leche, ajusta sal y pimienta. Calienta y sirve.

Tostadas francesas

Ingredientes:

- 4 rebanadas de pan (preferentemente del día anterior)
- 2 huevos
- 1/2 taza de leche
- 1 cucharadita de azúcar
- 1/2 cucharadita de canela (opcional)
- Mantequilla para freír
- Miel, jarabe o frutas para acompañar

Preparación:

1. Bate huevos, leche, azúcar y canela en un bol.
2. Remoja cada rebanada de pan en la mezcla, cubriendo ambos lados.
3. Fríe en mantequilla a fuego medio hasta dorar ambos lados.
4. Sirve caliente con miel o frutas.

Arroz frito con huevo

Ingredientes:

- 2 tazas de arroz cocido (preferiblemente frío)
- 2 huevos
- 1 diente de ajo picado
- 1/2 cebolla picada
- 2 cucharadas de aceite
- Salsa de soja al gusto
- Verduras al gusto (zanahoria, guisantes, cebollín)

Preparación:

1. Calienta aceite, sofríe ajo y cebolla hasta dorar.
2. Añade las verduras y cocina unos minutos.
3. Incorpora el arroz y mezcla bien.
4. Empuja el arroz a un lado y bate los huevos en el espacio libre, revuelve hasta que estén cocidos.
5. Mezcla todo, añade salsa de soja y sirve.

Brownies caseros

Ingredientes:

- 200 g de chocolate oscuro
- 150 g de mantequilla
- 1 taza de azúcar
- 3 huevos
- 3/4 taza de harina
- 1 cucharadita de extracto de vainilla
- Pizca de sal

Preparación:

1. Derrite el chocolate con la mantequilla a baño maría o en microondas.
2. Añade el azúcar, mezcla bien.
3. Incorpora los huevos uno a uno y luego la vainilla.
4. Agrega la harina y sal, mezcla hasta integrar.
5. Vierte en molde engrasado y hornea a 180 °C por 20-25 minutos.

Salsa pesto casera

Ingredientes:

- 2 tazas de hojas de albahaca fresca
- 1/2 taza de queso parmesano rallado
- 1/2 taza de aceite de oliva
- 1/3 taza de piñones o nueces
- 2 dientes de ajo
- Sal al gusto

Preparación:

1. Coloca la albahaca, piñones, ajo y sal en un procesador o mortero.
2. Añade poco a poco el aceite mientras procesas hasta obtener una salsa homogénea.
3. Incorpora el queso parmesano y mezcla ligeramente.
4. Sirve con pasta o como acompañamiento.

Filete de salmón al horno

Ingredientes:

- 2 filetes de salmón
- Jugo de medio limón
- 2 cucharadas de aceite de oliva
- Sal y pimienta al gusto
- Hierbas frescas (eneldo, perejil o tomillo) opcional

Preparación:

1. Precalienta el horno a 200 °C.
2. Coloca los filetes en una bandeja para hornear.
3. Rocía con aceite de oliva y jugo de limón.
4. Salpimienta al gusto y agrega hierbas si deseas.
5. Hornea 12-15 minutos hasta que el salmón esté cocido y se desmenuce fácilmente.

Ensalada de atún

Ingredientes:

- 1 lata de atún en agua o aceite, escurrido
- 1 tomate picado
- 1/2 cebolla morada picada

- 1/2 pepino picado
- Aceitunas al gusto
- Jugo de limón
- Sal y pimienta
- Aceite de oliva

Preparación:

1. Mezcla todos los ingredientes en un bol.
2. Añade jugo de limón, aceite, sal y pimienta al gusto.
3. Refrigera 15 minutos antes de servir.

Muffins de vainilla

Ingredientes:

- 2 tazas de harina
- 1 taza de azúcar
- 1 huevo
- 1 taza de leche
- 1/2 taza de mantequilla derretida
- 1 cucharada de esencia de vainilla
- 2 cucharaditas de polvo para hornear

Preparación:

1. Precalienta el horno a 180 °C.
2. Mezcla los ingredientes secos en un bol.
3. En otro bol, bate el huevo, leche, mantequilla y vainilla.
4. Une ambas mezclas sin batir demasiado.
5. Vierte en moldes para muffins y hornea 20-25 minutos.

Guiso de carne simple

Ingredientes:

- 500 g de carne de res en cubos
- 1 cebolla picada
- 2 dientes de ajo picados
- 2 tomates picados
- 2 papas cortadas en cubos
- 1 zanahoria cortada en rodajas
- Sal, pimienta y comino al gusto
- Aceite para freír
- Agua o caldo

Preparación:

1. Sofríe cebolla y ajo en aceite hasta dorar.
2. Agrega la carne y dora por todos lados.
3. Añade tomate, sal, pimienta y comino. Cocina 5 minutos.
4. Incorpora papas, zanahoria y suficiente agua o caldo para cubrir.
5. Cocina a fuego bajo hasta que la carne esté tierna (1-1.5 horas).

Hummus básico

Ingredientes:

- 1 taza de garbanzos cocidos
- 2 cucharadas de tahini (pasta de sésamo)
- Jugo de 1 limón
- 1 diente de ajo
- 3 cucharadas de aceite de oliva
- Sal al gusto
- Agua para ajustar textura

Preparación:

1. Licúa todos los ingredientes excepto el agua.
2. Añade agua poco a poco hasta obtener la textura deseada.
3. Sirve con un chorrito de aceite de oliva y pimentón dulce.

Pollo en salsa de limón

Ingredientes:

- 4 pechugas de pollo
- Jugo de 2 limones
- 2 dientes de ajo picados
- 1 cucharada de miel
- Sal y pimienta
- Aceite de oliva

Preparación:

1. Marina el pollo con jugo de limón, ajo, miel, sal y pimienta por 30 minutos.
2. Calienta aceite y cocina el pollo hasta dorar y cocinar completamente.
3. Reduce la marinada en la sartén para hacer una salsa y vierte sobre el pollo.

Croquetas de jamón

Ingredientes:

- 200 g de jamón picado
- 2 cucharadas de mantequilla
- 2 cucharadas de harina
- 1 taza de leche

- Sal, pimienta y nuez moscada
- Pan rallado
- 2 huevos
- Aceite para freír

Preparación:

1. Derrite mantequilla, añade harina y cocina 1 minuto.
2. Incorpora la leche poco a poco hasta formar una bechamel espesa.
3. Añade jamón, sal, pimienta y nuez moscada. Deja enfriar.
4. Forma croquetas, pásalas por huevo batido y pan rallado.
5. Fríe en aceite caliente hasta dorar.

Pizza margarita

Ingredientes:

- Masa para pizza
- Salsa de tomate
- Queso mozzarella fresco
- Hojas de albahaca fresca
- Aceite de oliva
- Sal

Preparación:

1. Estira la masa y coloca sobre bandeja para hornear.
2. Extiende la salsa de tomate, coloca el queso mozzarella en trozos.
3. Hornea a 220 °C por 12-15 minutos.
4. Añade hojas de albahaca y un chorrito de aceite de oliva antes de servir.

Risotto básico

Ingredientes:

- 1 taza de arroz arborio
- 1/2 cebolla picada
- 2 cucharadas de mantequilla
- 1/2 taza de vino blanco (opcional)
- 4 tazas de caldo caliente (pollo o verduras)
- 1/2 taza de queso parmesano rallado
- Sal y pimienta

Preparación:

1. Sofríe la cebolla en mantequilla hasta transparente.
2. Añade el arroz y cocina 2 minutos, sin dejar de remover.
3. Vierte el vino y deja evaporar.

4. Agrega el caldo poco a poco, removiendo constantemente hasta que el arroz esté cremoso y tierno.

5. Retira del fuego, añade parmesano, sal y pimienta.

Ensalada de garbanzos

Ingredientes:

- 1 lata (400 g) de garbanzos cocidos, escurridos y enjuagados
- 1 tomate picado
- 1/2 cebolla morada picada
- 1/2 pepino picado
- Perejil o cilantro picado al gusto
- Jugo de 1 limón
- Aceite de oliva
- Sal y pimienta al gusto

Preparación:

1. En un bol, mezcla los garbanzos, tomate, cebolla, pepino y hierbas.
2. Agrega jugo de limón, aceite de oliva, sal y pimienta.
3. Mezcla bien y refrigera 20 minutos antes de servir.

Pan casero básico

Ingredientes:

- 500 g de harina de trigo
- 300 ml de agua tibia
- 10 g de sal
- 7 g de levadura seca
- 2 cucharadas de aceite de oliva

Preparación:

1. Disuelve la levadura en agua tibia y deja reposar 10 minutos.
2. En un bol grande, mezcla harina y sal. Añade el agua con levadura y el aceite.
3. Amasa hasta obtener una masa elástica (10 minutos).
4. Deja reposar tapado en un lugar cálido hasta que doble su tamaño (1-2 horas).
5. Forma el pan, coloca en una bandeja y hornea a 220 °C por 25-30 minutos.

Tortillas de maíz

Ingredientes:

- 2 tazas de harina de maíz nixtamalizado (masa harina)
- 1 1/4 tazas de agua tibia
- 1/2 cucharadita de sal

Preparación:

1. Mezcla la harina de maíz con la sal.

2. Agrega el agua poco a poco y amasa hasta formar una masa suave y manejable.

3. Forma bolitas y aplánalas con prensa para tortillas o con un rodillo.

4. Cocina en un comal caliente por 1-2 minutos de cada lado hasta que estén cocidas.

Salsa boloñesa

Ingredientes:

- 500 g de carne molida de res
- 1 cebolla picada
- 2 dientes de ajo picados
- 2 tomates maduros picados o 400 g de tomate triturado
- 1 zanahoria rallada
- 1/2 taza de caldo o agua
- 2 cucharadas de aceite de oliva
- Sal, pimienta y orégano al gusto

Preparación:

1. Sofríe la cebolla y ajo en aceite hasta dorar.
2. Añade la carne y cocina hasta que cambie de color.
3. Agrega tomate, zanahoria, caldo y condimentos.

4. Cocina a fuego lento, tapado, durante 30-40 minutos, removiendo ocasionalmente.

Crepes dulces

Ingredientes:

- 1 taza de harina
- 2 huevos
- 1 taza de leche
- 1 cucharada de azúcar
- 1 pizca de sal
- Mantequilla para la sartén

Preparación:

1. Mezcla todos los ingredientes hasta obtener una masa líquida sin grumos.
2. Calienta una sartén antiadherente y unta un poco de mantequilla.
3. Vierte un poco de masa y extiéndela fina. Cocina 1-2 minutos por cada lado.
4. Rellena con frutas, crema, mermelada o dulce al gusto.

Sopa de pollo con verduras

Ingredientes:

- 2 pechugas de pollo sin piel

- 1 zanahoria en cubos
- 1 rama de apio picada
- 1 cebolla picada
- 2 dientes de ajo picados
- 1 papa en cubos
- 1 litro de caldo de pollo
- Sal y pimienta

Preparación:

1. En una olla, sofríe cebolla y ajo.
2. Añade pollo, caldo, verduras y condimentos.
3. Cocina a fuego medio hasta que el pollo y las verduras estén tiernos (20-30 minutos).
4. Desmenuza el pollo y regresa a la olla antes de servir.

Quiche de verduras
Ingredientes:

- Masa para quiche o tarta
- 3 huevos
- 1 taza de crema o nata para cocinar
- 1 taza de verduras cocidas (espinacas, champiñones, pimientos)

- 1/2 taza de queso rallado
- Sal y pimienta

Preparación:

1. Prehornea la masa en un molde a 180 °C por 10 minutos.
2. Mezcla huevos, crema, queso, verduras, sal y pimienta.
3. Vierte la mezcla en la masa y hornea 30-35 minutos hasta cuajar.

Chili con carne

Ingredientes:

- 500 g de carne molida de res
- 1 lata de frijoles rojos escurridos
- 1 cebolla picada
- 2 dientes de ajo picados
- 1 lata de tomate triturado
- 1 chile jalapeño o chili en polvo al gusto
- Sal y pimienta

Preparación:

1. Sofríe cebolla y ajo, añade carne y cocina hasta dorar.
2. Agrega tomate, frijoles y condimentos.

3. Cocina a fuego lento 30-40 minutos.

Tarta de manzana sencilla

Ingredientes:

- Masa para tarta
- 3 manzanas peladas y cortadas en láminas
- 1/2 taza de azúcar
- 1 cucharadita de canela
- Jugo de medio limón

Preparación:

1. Prehornea la masa a 180 °C por 10 minutos.
2. Mezcla manzanas con azúcar, canela y jugo de limón.
3. Coloca las manzanas sobre la masa y hornea 35-40 minutos hasta dorar.

Rollitos de primavera

Ingredientes:

- 12 hojas de papel para rollitos de primavera
- 200 g de repollo rallado
- 100 g de zanahoria rallada
- 100 g de brotes de soja
- 2 cebollas de verdeo picadas

- 1 diente de ajo picado
- 2 cucharadas de salsa de soja
- Aceite para freír

Preparación:

1. Saltea ajo, cebolla, repollo, zanahoria y brotes en un poco de aceite hasta que estén tiernos.
2. Añade salsa de soja y mezcla bien, deja enfriar.
3. Coloca una cucharada de relleno en cada hoja de papel y enrolla cerrando los bordes.
4. Fríe en aceite caliente hasta que estén dorados y crujientes.

Salsa bechamel

Ingredientes:

- 2 cucharadas de mantequilla
- 2 cucharadas de harina
- 2 tazas de leche caliente
- Sal, pimienta y nuez moscada al gusto

Preparación:

1. Derrite la mantequilla en una cacerola a fuego medio.
2. Añade la harina y cocina, revolviendo, por 2 minutos.

3. Agrega la leche poco a poco sin dejar de revolver para evitar grumos.

4. Cocina hasta espesar y sazona con sal, pimienta y nuez moscada.

Muffins de arándanos

Ingredientes:

- 2 tazas de harina
- 1/2 taza de azúcar
- 2 cucharaditas de polvo de hornear
- 1/2 cucharadita de sal
- 1 taza de leche
- 1 huevo
- 1/4 taza de aceite
- 1 taza de arándanos frescos o congelados

Preparación:

1. Mezcla harina, azúcar, polvo de hornear y sal.

2. En otro recipiente, bate leche, huevo y aceite.

3. Une ambas mezclas y añade los arándanos suavemente.

4. Llena moldes para muffins y hornea a 180 °C por 20-25 minutos.

Ensalada de quinoa

Ingredientes:

- 1 taza de quinoa
- 2 tazas de agua
- 1 tomate picado
- 1/2 pepino picado
- 1/4 cebolla morada picada
- Jugo de 1 limón
- Aceite de oliva
- Sal y pimienta

Preparación:

1. Cocina la quinoa en agua hasta que absorba todo el líquido (15 minutos). Deja enfriar.
2. Mezcla quinoa con tomate, pepino, cebolla, jugo de limón y aceite.
3. Sazona con sal y pimienta al gusto.

Pollo al curry fácil

Ingredientes:

- 500 g de pechuga de pollo en cubos
- 1 cebolla picada

- 2 dientes de ajo picados
- 1 cucharada de curry en polvo
- 1 lata de leche de coco
- Aceite, sal y pimienta

Preparación:

1. Sofríe cebolla y ajo en aceite.
2. Añade pollo y cocina hasta dorar.
3. Agrega curry y mezcla bien.
4. Incorpora leche de coco y cocina a fuego medio hasta que el pollo esté tierno y la salsa espese.

Tacos de carne

Ingredientes:

- 500 g de carne molida
- 1 cebolla picada
- 2 dientes de ajo picados
- 1 cucharadita de comino
- 1 cucharadita de chile en polvo
- Tortillas de maíz o harina
- Sal y pimienta

Preparación:

1. Sofríe cebolla y ajo.

2. Agrega carne y cocina hasta que se dore.

3. Añade comino, chile en polvo, sal y pimienta. Cocina 5 minutos más.

4. Sirve la carne en tortillas calientes con tus acompañamientos favoritos (cebolla, cilantro, salsa, queso).